BTS

Bist du ein Super-Fan?

Bildnachweise:

Cover: Yonhap/Yonhap News Agency/
Press Association Images

Fotos:

Seite 1, Frazer Harrison/Getty Images
Seite 2, Jeff Kravitz/Getty Images
Seite 3–5, Frazer Harrison/Getty Images
Seite 6, Kevin Mazur/Getty Images
Seite 7, Frazer Harrison/Getty Images
Seite 8, Yonhap/Yonhap News Agency/
Press Association Images

Für die deutsche Ausgabe:

Übersetzung: Katrin Korch, Baden-Baden, www.literatur-und-mehr.de
Produktmanagement und Lektorat: Sandra Aichele
Satz: FSM Premedia GmbH & Co. KG, Münster
Druck und Bindung: POLYGRAF PRINT spol. s r.o.

Die englische Originalausgabe erschien erstmals 2018 unter dem Titel BTS.
Test Your Super-Fan Status bei Buster Books.

Text © Kate Hamilton
Gestaltung © Derrian Bradder
Cover © Angie Allison

Published in Great Britain in 2018 by Buster Books,
an imprint of Michael O'Mara Books Limited,
9 Lion Yard, Tremadoc Road, London SW4 7NQ

Text copyright © Buster Books 2018
Artwork adapted from www.shutterstock.com

**BITTE BEACHTEN SIE: Dieses Buch ist kein offizielles
Lizenzprodukt und wurde weder von BTS, einem ihrer Verlage oder
Lizenznehmer autorisiert, genehmigt oder lizensiert.**

Die Rätsel und Tests in diesem Buch wurden von der Autorin und den Mitarbeitern
des Verlages sorgfältig geprüft. Eine Garantie wird jedoch nicht übernommen.
Das Werk und die darin gezeigten Modelle sind urheberrechtlich geschützt.
Die Vervielfältigung und Verbreitung ist, außer für private, nicht kommerzielle Zwecke,
untersagt und wird zivil- und strafrechtlich verfolgt. Dies gilt insbesondere für eine
Verbreitung des Werkes durch Fotokopien, Film, Funk und Fernsehen, elektronische
Medien und Internet sowie für eine gewerbliche Nutzung der gezeigten Modelle.
Bei Verwendung im Unterricht und in Kursen ist auf dieses Buch hinzuweisen.

1. Auflage 2018
©2018 frechverlag GmbH, Turbinenstr. 7, 70499 Stuttgart
ISBN 978-3-7724-8436-0 ▪ Best.-Nr. 8436

Bist du ein Super-Fan?

INHALT

Über dieses Buch	5	Das große Interview	50
Bist du ihr größter Fan?	6	Knacke das Kreuzworträtsel	54
Fakten-Check: RM	9	Geheimnisvoller Tweeter	56
Finde den Song	10		
BTS und Prominente	12	Setlist	57
Träume können wahr werden	15	Fakten-Check: V	59
		Tsss!	60
Fakten-Check: Jin	19	Geheimnisvoller Tweeter	63
Wer hat das gesagt?	20		
Richtig oder falsch?	22	Joker im Gepäck	64
Geheimnisvoller Tweeter	25	Die Qual der Wahl	67
In den Sternen	26	Geheimnisvoller Tweeter	71
Fakten-Check: Suga	30	Fan-Liebe	72
Vorlieben Teilen	31	Fakten-Check: Jungkook	75
Knacke das Kreuzworträtsel	34		
Casting: Tanzen	36	Abgehoben?	76
Casting: Singen	38	Geheimer Gig	79
Fakten-Check: J-Hope	40	Helfende Hände	80
Ein Tag im Leben	41	Geheimnisvoller Tweeter	82
Geheimnisvoller Tweeter	45	Fan Game	83
Fakten-Check: Jimin	46	Ergebnisse	86
Böse oder Nett?	47	Like or Love?	88
Geheimnisvoller Tweeter	49	Antworten	91

ÜBER DIESES BUCH

RM, JIN, SUGA, J-HOPE, JIMIN, V UND JUNGKOOK

Die siebenköpfige Gruppe BTS, auch als Bangtan Boys bekannt, ist derzeit die größte Band der Welt.

Ihr Aufbruch in Koreas Pop-Szene war 2013 und fünf Jahre später gaben sie mit „Love Yourself: Tear" ihr drittes Album heraus, das gleich zur Nummer Eins der US-amerikanischen Billboard 200 avancierte. Sie waren damit die erste K-Pop-Gruppe, die mit einem Album in den USA an erster Stelle landete. 2018 wiederholten sie mit „Love Yourself: Answer" diesen Erfolg, was weltweit als Sensation gefeiert wurde.

Da die Band intensiv über die sozialen Medien mit ihren Fans, die sie stolz ARMY nennen, kommuniziert, könntest du glauben, dass du alles über BTS weißt. Doch wie viel weißt du wirklich? Finde es in vielen lustigen Quiz und Rätseln heraus. Dabei kannst du deiner Fantasie freien Lauf lassen und dir faszinierende Storys ausdenken.

Sicher weißt du schon eine ganze Menge! Schnapp dir einen Stift und befolge die Hinweise oben auf den Seiten – die Antworten kannst du auf den **Seiten 91 bis 96** überprüfen. Erfahre mehr über die Kings des K-Pops und teste, ob du ein Super-Fan von BTS bist.

BIST DU IHR GRÖSSTER FAN?

GLAUBST DU ALLES ÜBER DIE BTS-BOYS ZU WISSEN?
TESTE MIT DIESEM QUIZ, OB DAS STIMMT. ÜBERPRÜFE DEINE
ANTWORTEN AUF **SEITE 91**.

1. Welche ist die Lieblingsfarbe von J-Hope?

   a. Gold

   b. Blau

   c. Grün

2. Wer gewann die Goldmedaille bei Run BTS! im
   V-Live-Video der Hunde-Challenge „Pet Friends"?

   a. Jin

   b. RM

   c. J-Hope

3. Der Spitzname von RM ist „God of ....

   a. War

   b. Peace

   c. Destruction

4. ARMY ist ein Akronym für „Adorable .... MC for Youth"?

a. Representative

b. Role

c. Radical

5. Welches ist der Spitzname von Bang Si-hyuk, der die Mitglieder von BTS zusammengeführt hat?

a. Legend

b. Hitman

c. Mr Big

6. Wen halten die Jungen für den besten Koch ihrer Band?

a. V

b. Jin

c. Jungkook

7. Mit welcher TV-Show will RM Englisch gelernt haben?

a. Friends

b. SpongeBob Schwammkopf

c. Die Simpsons

8. Als ein Interviewer einmal gefragt hat, wer der Witzigste der Gruppe sei, auf wen haben die BTS-Boys gezeigt?

a. Suga

b. Jimin

c. Jungkook

9. Wie wird Jin von den anderen scherzhaft genannt?
   a. Dad
   b. Granny
   c. Auntie

10. Das Autogramm von J-Hope enthält eine Zeichnung. Von welchem Gegenstand?
    a. Baum
    b. Blume
    c. Biene

11. Welche Band hat Suga als seine Lieblingsband bezeichnet?
    a. One Direction
    b. Backstreet Boys
    c. NSYNC

12. Welches Kostüm hat Jungkook im Video der Single „Dope" getragen?
    a. Feuerwehrmann
    b. Soldat
    c. Polizist

FAKTEN-CHECK: RM

NUR DREI DIESER VIER AUSSAGEN ÜBER RM TREFFEN ZU.
HAKE DIE AUSSAGE, DIE DU FÜR RICHTIG HÄLTST, IN DEM KÄSTCHEN
DANEBEN AB UND KREUZE ES DURCH, WENN SIE FALSCH IST.
DIE ANTWORTEN FINDEST DU AUF **SEITE 91**.

☐ 1. RM isst am liebsten Fleisch, egal welche Sorte.

☐ 2. RM hat 2 Dollar als Glücksbringer in seiner Tasche.

☐ 3. RM findet seine Füße hässlich.

☐ 4. RM kann ganz großartig Marge Simpson von den *Simpsons* parodieren.

FINDE DEN SONG

DU KANNST DIE HITS VON BTS IN ALLEN RICHTUNGEN FINDEN, NACH OBEN, UNTEN, VORWÄRTS, RÜCKWÄRTS UND AUCH DIAGONAL. FINDEST DU DIE ZWÖLF SONG-TITEL, DIE ZUR WELT VON BTS GEHÖREN? WENN DU NICHT WEITERKOMMST, SIEH AUF **SEITE 91** NACH.

'FIRE'

'SAVE ME'

'NO MORE DREAM'

'SILVER SPOON'

'FAKE LOVE'

'SPRING DAY'

'MIC DROP'

'DANGER'

'WAR OF HORMONE'

'DNA'

'DOPE'

'BOY IN LUV'

BTS: BIST DU EIN SUPER-FAN?

F	M	O	T	W	U	H	K	S	E	C	P	R	L	D
B	R	M	E	N	O	M	R	O	H	F	O	R	A	W
P	C	J	A	G	I	S	T	G	U	Y	H	E	P	S
R	U	S	X	E	M	I	C	D	R	O	P	V	I	N
N	P	H	E	F	R	D	O	X	A	J	A	W	T	E
S	M	Y	E	A	R	D	R	S	F	N	M	D	Z	R
D	J	O	V	K	L	U	E	B	D	V	G	I	S	I
B	W	Z	O	E	T	O	X	R	Y	T	A	E	P	F
I	S	I	L	V	E	R	S	P	O	O	N	R	R	K
T	C	G	E	P	R	I	D	F	B	M	K	P	I	D
M	S	J	K	H	O	W	E	P	D	E	O	Z	N	B
L	E	A	A	T	K	T	V	G	O	B	I	N	G	O
N	N	O	F	Y	R	I	P	S	P	U	T	W	D	R
L	W	S	A	V	E	M	E	C	E	H	I	L	A	C
N	R	E	V	U	L	N	I	Y	O	B	D	J	Y	P

BTS UND PROMINENTE

IMMER MEHR PROMINENTE SCHLIESSEN SICH ARMY AN!
UNTEN IST EINE LISTE MIT KOMMENTAREN ODER TWEETS VON
PROMIS ÜBER DIE JUNGS. SIEH DIR DIE NAMEN IM KASTEN AN UND
VERSUCHE, SIE DEN AUSSAGEN ZUZUORDNEN. ÜBERPRÜFE
DIE ANTWORTEN AUF **SEITE 92**.

ANSEL ELGORT	JOHN CENA	SHAWN MENDES
BACKSTREET BOYS	JOHN LEGEND	TAYLOR SWIFT
CAMILA CABELLO	KEHLANI	THE CHAINSMOKERS
CHARLIE PUTH	LIAM PAYNE	TYRA BANKS
HALSEY	MEGHAN TRAINOR	
JARED LETO	PETER CROUCH	

1. „Sie haben alle eine tolle Einzel-Performance. Jeder beherrscht viele verschiedene Stile. Ich finde, dass sie eine toughe Gruppe sind, weil sie beim Tanzen etwas Militärisches verkörpern. Eigentlich wollte ich gerne mal etwas mit ihnen zusammen machen, aber leider kam mir jemand anders zuvor."

   Antwort: ....

2. „Sie sind die One Direction des K-Pops. Ich würde alles geben, um mit ihnen zu arbeiten! Glaubst du das nicht? Doch, alles! BTS begeistern mich total!"

Antwort: ....

3. „Sie sind soooo süß."

Antwort: ....

4. „Am besten finde ich J-Hope, weil er genau wie ich Street Credibility verkörpert."

Antwort: ....

5. „Ich bin ein großer Fan von @bts."

Antwort: ....

6. „BTS. Toll, euch zu treffen!! Ihr seid super!!"

Antwort: ....

7. „Backstage bei #BBMAs2018 mit @BTS_twt."

Antwort: ....

8. „Ich liebe diese Typen @bts_twt, tolle Performance. Bis zur After-Show-Party."

Antwort: ....

9. „@BTS_twt zu treffen ist... Besser. Als. Smizing."

Antwort: ....

10. „Wir sind so große Fans von @BTS_twt!
#BTSB#DontGoBreakingMyHeart #FakeLove."

Antwort: ....

11. „Dieser Blick muss Liebe für BTS sein."

Antwort: ....

12. „Ich finde sie unglaublich. Sie sind so süß. Sie sind
wahrscheinlich die schönsten Typen, die ich in meinem
Leben jemals gesehen habe."

Antwort: ....

13. „Ich habe gerade @BTS_twt getroffen und sie sind
absolut cool! WOW."

Antwort: ....

14. „Rap Monster wird geliebt von ..."

Antwort: ....

15. „Ich halte [BTS] für eine fantastische Band und ich will
sie eines Tages persönlich kennenlernen."

Antwort: ....

16. „Viel ♥ Sie sind wirklich die nettesten Typen,
@BTS_twt. Danke, dass ihr da wart und #BabyDriver
unterstützt. Ich kann euer Album kaum erwarten, Jungs!"

Antwort: ....

TRÄUME KÖNNEN WAHR WERDEN

WENN DU DAS GLÜCK HÄTTEST, EINEN TAG MIT ALLEN
SIEBEN BTS-JUNGS ZU VERBRINGEN, WAS WÜRDEST DU MIT IHNEN
UNTERNEHMEN? LIES DIE GESCHICHTE HIER UNTEN UND FÜLLE
DIE LEERSTELLEN AUS. LASS DEINER FANTASIE FREIEN
LAUF UND ERLEBE EINEN TRAUMHAFTEN TAG.

Ganz sicher wissen die BTS-Jungs, wie man bei einer
Ankunft feiert. Am Flughafen bist du aufgeregt, als dich ein
Assistent zu einem wartenden .... bringt.

Auch hineinzugehen ist aufregend, über dicke Teppiche,
bei blinkenden Lichtern und mit einer großen Bar mit einem
Kühlschrank voller Getränke und Snacks.

„Bedien' dich und nimm dir, was du essen und trinken
möchtest", sagt der Assistent lächelnd. Du gehst zum
Kühlschrank und nimmst dir .... und ein ....
.... zu essen.

Dann setzt du dich in einen großen, weichen, weißen
Ledersessel und wirst wie ein Star in die Wohnung von
BTS getragen. Das ist so komfortabel, dass du es ein wenig
bedauerst, als die Reise endet.

Dir wird die Tür geöffnet, aber gerade als du aufstehen willst, erlebst du die Überraschung deines Lebens. Alle sieben BTS-Mitglieder wollen den Tag mit dir verbringen!

„Du musst .... sein", sagen sie. Sie lächeln und strecken die Hände als Fäuste in die Höhe. RM erklärt, dass jeder der Jungs ein Blatt Papier in der Hand hält, auf der eine andere Unternehmung für den Tag steht. Du kannst eine auswählen.

Du blickst in ihre lächelnden Gesichter und wählst dann
....
Als du das Blatt auffaltest, liest du ....
....
....

Das wird ein großer Spaß werden. Lehne dich zurück und genieße den Tag, denn jetzt bist du in Gesellschaft von BTS!

Nach der Ankunft steigt ihr alle aus und seht ....
....

Das sieht .... aus.

RM sagt, „ ....
...." .

Du kannst nicht warten und sagst: „ ....
....
...."

Es ist unglaublich aufregend, als ....
....
....

Suga bringt dich zum Lachen, als ....
....

Und V ....
danach ....

Der Höhepunkt ist, als ....
....

Du bringst es sogar fertig, zu ....
....

Danach gehen sie mit dir in ein schönes Restaurant mit
Blick über das Wasser und du bestellst dir .... ,
danach .... und zum Schluss ein leckeres ....
.... Mmh!

Jimin sagt, dass sein Lieblingsessen .... ist und
du erzählst ihm, dass deins .... ist.

Nach dem Essen verlässt .... den Tisch und du plauderst noch mit den anderen. Dann beginnt zu deiner Überraschung die Musik zu spielen und .... kommt mit einem Mikrofon in der Hand zu dir. Er fängt an, ... nur für dich zu singen!

Als er fragt, ob du mitmachen möchtest, lachst du und sagst: ....

J-Hope fragt, was du einmal werden möchtest. Du erzählst es ihm: ....
....
....

Am Ende dieses perfekten Tages schenkt dir Jin im Namen von BTS .... und dankt dir, dass du mit ihnen zusammen warst.

Bevor alles vorbei ist, möchtest du gerne wissen, welche Unternehmungen auf den anderen Blättern standen. Die Jungs lachen und zeigen es dir. Auf ihnen steht ....
....
....
....
....
....
....

FAKTEN-CHECK: JIN

NUR DREI DIESER VIER AUSSAGEN ÜBER JIN TREFFEN ZU. HAKE DIE AUSSAGE, DIE DU FÜR RICHTIG HÄLTST, IN DEM KÄSTCHEN DANEBEN AB UND KREUZE ES DURCH, WENN SIE FALSCH IST. DIE ANTWORTEN FINDEST DU AUF **SEITE 92**.

☐ 1. Als Jin zur Band kam, trug er hellgrüne Unterwäsche. Seit diesem Tag trägt er „glücksbringende" Unterwäsche in dieser Farbe.

☐ 2. Jin sammelt gerne die Action-Figuren von *Super Mario*.

☐ 3. Normalerweise wacht Jin zwei Stunden vor den anderen auf.

☐ 4. Jin hätte gerne als erstes Kind eine Tochter und als zweites einen Jungen.

WER HAT DAS GESAGT?

BTS HABEN IMMER VIEL ZU SAGEN - SO VIEL, DASS VIELES IN
GEKICHER UND GEQUATSCHE ENDET! ABER GENAU DESWEGEN
LIEBEN WIR SIE SO. LIES DIE ÄUSSERUNGEN DER BTS-JUNGS UND
SCHREIBE DAZU, VON WEM DAS STAMMT.
AUF **SEITE 92** KANNST DU NACHSEHEN, OB DAS STIMMT.

1. „Ich wäre gerne drei Zentimeter größer."

Wer hat das gesagt? ....

2. „Ich hätte gerne so breite Schultern wie Jin."

Wer hat das gesagt? ....

3. „Angst und Einsamkeit scheinen zu meinem Leben
dazuzugehören."

Wer hat das gesagt? ....

4. „Wenn man nicht hart arbeitet, erhält
man keine guten Ergebnisse."

Wer hat das gesagt? ....

5. „Wenn ich Feuer bin, ist J-Hope Wasser. Er ist gut darin, meine schlechten Gewohnheiten abzustellen. Er ist sehr sozial und passt sich anderen und unseren Gruppen-Mitgliedern gut an."

Wer hat das gesagt? ....

6. „Leben ohne Leidenschaft ist wie Totsein."

Wer hat das gesagt? ....

7. „Als erstes ist da V. Ich scherze nicht, er wird im Wohnheim sitzen, dann plötzlich aufspringen und herumlaufen und „Ho! Ho! Ho!" rufen. Er ist wirklich seltsam."

Wer hat das gesagt? ....

8. „Wir haben gerade angefangen. Wir wollen noch viele wunderbare Dinge machen."

Wer hat das gesagt? ....

RICHTIG ODER FALSCH?

LIES DIE STATEMENTS ÜBER BTS UND ENTSCHEIDE, OB SIE RICHTIG
ODER FALSCH SIND. KREUZE DIE ANTWORT IN DEN KÄSTCHEN AN
UND SIEH AUF **SEITE 92** NACH, OB SIE STIMMT.

1. Während einer Performance von „We are Bulletproof
   Pt. 2" rutschte Jins Hose herunter, als er hochsprang.

   ☐ Richtig ☐ Falsch

2. Jungkook braucht eine Uhr, weil er immer andere fragt,
   wie spät es ist.

   ☐ Richtig ☐ Falsch

3. Aus irgendeinem Grund, den er nicht erklären kann,
   findet Jimin Wäscheklammern lustig.

   ☐ Richtig ☐ Falsch

4. Jin kann eine Tüte mit Süßigkeiten öffnen und seine
   Socken ausziehen, ohne dabei seine Hände zu benutzen.

   ☐ Richtig ☐ Falsch

5. RM sagt, dass er niemals Autofahren lernen will, um
   keinen Unfall zu bauen.

   ☐ Richtig ☐ Falsch

6. Während einer Tour durch Japan 2014 erlitt Suga einen Blinddarmdurchbruch.

☐ Richtig ☐ Falsch

7. J-Hope wird von den anderen Bandmitgliedern „Mother" genannt, weil er ihre Zimmer sauber macht und sie wie ein Vater anspricht.

☐ Richtig ☐ Falsch

8. Sie nennen Suga „Grandpa", weil er derjenige ist, der Glühbirnen wechselt, Türklinken befestigt und immer alles repariert, was RM kaputt macht. Er wird auch oft bei einem Schläfchen angetroffen!

☐ Richtig ☐ Falsch

9. J-Hope behauptet, dass er sich in der Schule immer gut benommen hat, aber vielleicht hatte er auch kaum eine andere Wahl, denn sein Vater war an derselben Schule Englischlehrer.

☐ Richtig ☐ Falsch

10. Als er jünger war, wollte Jimin immer Koch werden.

☐ Richtig ☐ Falsch

11. V hat Angst vor Quallen, seit er einmal im Urlaub von einer gebissen wurde.

☐ Richtig ☐ Falsch

12. Jin hält sich selbst für einen Meister des Versteckspiels.

☐ Richtig ☐ Falsch

13. Die anderen sagen oft, V sei wie ein „Alien".

☐ Richtig ☐ Falsch

14. Jungkook mag keine Käfer.

☐ Richtig ☐ Falsch

15. Suga findet seine Beine schön.

☐ Richtig ☐ Falsch

GEHEIMNISVOLLER TWEETER

ALLE SIEBEN JUNGS SIND FANS DES SOZIALEN
NETZWERKS TWITTER. KANNST DU ERRATEN, WELCHES
BANDMITGLIED DIE FOLGENDEN TWEETS GEPOSTET HAT?
SCHREIBE DIE ANTWORT UNTEN AUF DIE SEITE UND
ÜBERPRÜFE AUF **SEITE 92**, OB SIE STIMMT.

🐦 Ich vermisse heute alle so sehr.

....

🐦 Nach langer Zeit eine wirklich unterhaltsame
Performance. Meine Haare sehen so lustig aus.

....

🐦 Wir sind off. Arbeiten viel voraus.

....

🐦 #VTCosmetic#CicaLine#TigerCushionCream
#TroublePatchCare#VTSunSpray

....

🐦 Denkt daran, zu essen.

Der geheimnisvolle Tweeter ist ....

IN DEN STERNEN

ENTDECKE, WAS DEIN STERNZEICHEN ÜBER DICH VERRÄT UND WELCHES BANDMITGLIED AM BESTEN ZU DIR PASST. WILLST DU NICHT AUCH MAL DEIN ERGEBNIS MIT DEM DEINER FREUNDE VERGLEICHEN?

WASSERMANN (21. JANUAR–19. FEBRUAR)

Das ist das Sternzeichen von J-Hope.

Charakterzüge: bescheiden, ehrlich, loyal, intelligent, künstlerisch, poetisch

Du magst: aktiv sein, schauspielern, Neues ausprobieren, Freundschaft schließen

Du magst nicht: Langeweile, nicht kreativ sein

Dein idealer Tag: J-Hope will gerne mit dir reden und wenn er dich in ein Spitzen-Restaurant mitnähme, hätte er viel zu erzählen!

FISCHE (20. FEBRUAR–20. MÄRZ)

Das ist das Sternzeichen von Suga.

Charakterzüge: vertrauenswürdig, kreativ, ruhig, sensibel

Du magst: reden, malen, zeichnen, schreiben

Du magst nicht: im Mittelpunkt stehen, Partys

Dein idealer Tag: Ein ganz persönliches Gespräch mit Suga bei einem romantischen Barfuß-Bummel bei Mondlicht am Strand entlang, wobei das Wasser über deine Füße plätschert.

WIDDER (21. MÄRZ–20. APRIL)

Charakterzüge: starker Wille, spontan, ambitioniert, leidenschaftlich, fröhlich

Du magst: neue Leute treffen, Sport, Abenteuer, Outdoor-Aktivitäten

Du magst nicht: zu Hause bleiben, organisieren, Brettspiele

Dein idealer Tag: J-Hope lacht gerne und wäre eine tolle Begleitung fürs Kino, um eine Komödie anzusehen, auch wenn er zu laut lachen würde!

STIER (21. APRIL–21. MAI)

Charakterzüge: sympathisch, kraftvoll, dickköpfig, praktisch

Du magst: anderen helfen, alte Freunde, Gartenarbeit, dekorieren, etwas unternehmen

Du magst nicht: unzuverlässige Menschen, Kontrolle verlieren

Dein idealer Tag: Sei gemeinsam mit Suga kreativ und verbringe einen Tag damit, etwas Neues zu lernen – Töpfern, Glasbläserei, Malen. Du wählst aus!

ZWILLINGE (22. MAI–21. JUNI)

Das ist das Sternzeichen von V.

Charakterzüge: anpassungsfähig, fantasievoll, liebevoll, charismatisch, anregend

Du magst: Neues ausprobieren, Partys, lebhafte Gespräche

Du magst nicht: nichts zu tun haben, Ruhe, allein sein

Dein idealer Tag: V geht sehr gern in einen Freizeitpark und findet es doppelt toll, wenn er mit einer netten Person zusammen gehen kann!

KREBS (22. JUNI–23. JULI)

Charakterzüge: unabhängig, beschützerisch, vorsichtig
Du magst: Häuslichkeit, Geschichte, kochen
Du magst nicht: Unordnung, im Stich gelassen werden
Dein idealer Tag: Jin wärmt dein Herz mit einem romantischen, selbst gekochten Essen bei sich oder auch bei dir zu Hause!

LÖWE (24. JULI–23. AUGUST)

Charakterzüge: geborener Anführer, lautstark, mutig, dynamisch
Du magst: im Mittelpunkt stehen, Partys, Spaß, Abenteuer
Du magst nicht: Unentschiedenheit, traurig sein, Geldnot
Dein idealer Tag: Bei seinen Performances erwacht Jimin richtig zum Leben. Stell dir vor, er fordert dich auf, zu ihm auf die Bühne zu kommen!

JUNGFRAU (24. AUGUST–23. SEPTEMBER)

Das ist das Sternzeichen von RM und Jungkook.
Charakterzüge: charmant, easy-going, guter Teamplayer
Du magst: anderen helfen, lustig sein, neue Hobbys suchen
Du magst nicht: Dickköpfigkeit, Egoismus, Ernsthaftigkeit
Dein idealer Tag: RM spricht das beste Englisch von allen in der Gruppe und kann dir daher am besten die schöne Sprache der Liebe auf Koreanisch beibringen!

WAAGE (24. SEPTEMBER–23. OKTOBER)

Das ist das Sternzeichen von Jimin.
Charakterzüge: verständnisvoll, umsorgend, ruhig und scheu
Du magst: aktiv sein, Spaß mit Freunden haben

Du magst nicht: Entscheidungen fällen, Konkurrenz

Dein idealer Tag: Jimin liebt entspannte, lustige Verabredungen. Ein Tag mit ihm beim Bowlen ist bestimmt super!

SKORPION (24. OKTOBER–22. NOVEMBER)

Charakterzüge: mutig, konzentriert, begabt, zielstrebig

Du magst: ein gutes Argument, mit Freunden zusammen sein, Partys

Du magst nicht: alleine sein, nichts zu tun haben

Dein idealer Tag: Lass sich Jungkook mit Stift und Papier ausdrücken und dich zeichnen, so wird er dich für ein paar Stunden ansehen!

SCHÜTZE (23. NOVEMBER–21. DEZEMBER)

Das ist das Sternzeichen von Jin.

Charakterzüge: ernsthaft, loyal, philosophisch, lebhaft

Du magst: Ordnung, anderen helfen, tiefsinnige Gespräche

Du magst nicht: Lügen, Zerfahrenheit

Dein idealer Tag: Ordentlich und sauber, so ist unser Jin. Er würde nichts lieber tun, als dir beim Aufräumen und vielleicht Dekorieren deines Zimmers zu helfen!

STEINBOCK (22. DEZEMBER–20. JANUAR)

Das ist das Sternzeichen von V.

Charakterzüge: intelligent, witzig, überzeugend

Du magst: Geheimnisse teilen, Party machen, gute Freundschaften schließen

Du magst nicht: Ungerechtigkeit, Überraschungen, Rücksichtslosigkeit

Dein idealer Tag: Abfeiern mit V, der gerne im Rampenlicht steht!

FAKTEN-CHECK: SUGA

NUR DREI DIESER VIER AUSSAGEN ÜBER SUGA TREFFEN ZU.
HAKE DIE AUSSAGE, DIE DU FÜR RICHTIG HÄLTST, IN DEM KÄSTCHEN
DANEBEN AB UND KREUZE ES DURCH, WENN SIE FALSCH IST.
DIE ANTWORTEN FINDEST DU AUF **SEITE 93**.

☐ **1.** In Wirklichkeit hasst Suga Zucker.

☐ **2.** Suga ist ein leidenschaftlicher Fotograf.

☐ **3.** Suga hat ein Mixtape unter dem Namen Agust D
veröffentlicht (rückwärts gelesen DT Suga, wobei DT
für Daegu Town steht).

☐ **4.** Einer von Sugas Spitznamen lautet „Motionless Min",
denn wenn er frei hat, tut er gar nichts.

VORLIEBEN TEILEN

DIE BTS-JUNGS TRAGEN IHR HERZ AUF DER ZUNGE,
ABER KANNST DU AUCH DIE AUSSAGEN UNTEN VERVOLLSTÄNDIGEN?
AUF **SEITE 33** FINDEST DU ALLES, WAS SIE MÖGEN.
TRAGE DIE WÖRTER UNTEN IN DIE SÄTZE EIN UND
ÜBERPRÜFE DAS AUF **SEITE 93**.

1. RM

„Wenn du weißt und spürst, dass ein Moment
wahrhaftig in deinem Herzen ist, und du bereit bist, ihn
anzunehmen, dann kann das ganze Leben von deiner
Geburt an .... sein".

2. JIMIN

„ .... macht immer Spaß"

3. V

„Ich sehe mir sehr gerne die Arbeiten ....
Maler und Fotografen an."

4. JUNGKOOK

„Nach einer Dusche am Abend ...."

5. JIN

„Für mein .... Gesicht gelobt werden."

6. JUNGKOOK

„ .... -Spiele spielen, sobald ich morgens aufgewacht bin."

7. RM

„Wenn ich spüre, dass ich .... werde."

8. RM

„Mittags im .... in Seoul, wo sich nicht viele Menschen aufhalten."

9. JUNGKOOK

„Alleine in einem .... etwas trinken gehen."

10. JIN

„Wenn die Band-Mitglieder über meine .... lachen."

BTS: BIST DU EIN SUPER-FAN?

11. SUGA

„Spät ins .... gehen, wenn ich einen Tag frei habe."

12. J-HOPE

„Nach einer Dusche meine Haare komplett ...."

13. V

„Ich finde es hübsch, wenn Mädchen weite ....
tragen."

SCHÖN	WITZE
BETT	GELIEBT
COMPUTER	HOSEN
EINCREMEN	FRÜHERER
TROCKNEN	RESTAURANT
WALD	REISEN
GUTES	

KNACKE DAS KREUZWORTRÄTSEL

LIES DIE TIPPS HIER UNTEN UND TRAGE DIE ANTWORTEN
IN DAS KREUZWORTRÄTSEL AUF DER SEITE GEGENÜBER EIN.
ÜBERPRÜFE SIE ANSCHLIESSEND AUF **SEITE 93**.

WAAGERECHT

2. BTS-Album, „2 Cool for _ _ _ _ _ " (5)

4. BTS steht auch für _ _ _ _ _ _ _ _ _ _ _ Boy Scouts (11)

5. Management der Gruppe: _ _ _ Hit Entertainment (3)

6. BTS haben die amerikanische Top-Sängerin _ _ _ _ _ _ Swift
bei den Billboard Music Awards getroffen (6)

SENKRECHT

1. Name ihres Debut-Songs (2, 4, 5)

3. Jin trat in der TV-Survival-Show *Law of the* _ _ _ _ _ _ auf (6)

5. _ _ _ _ Si-hyuk sorgte für einen explosiven Karriere-Start
der Jungs (4)

— BTS: BIST DU EIN SUPER-FAN? —

BTS: BIST DU EIN SUPER-FAN?

CASTING: TANZEN

RUNDE 1

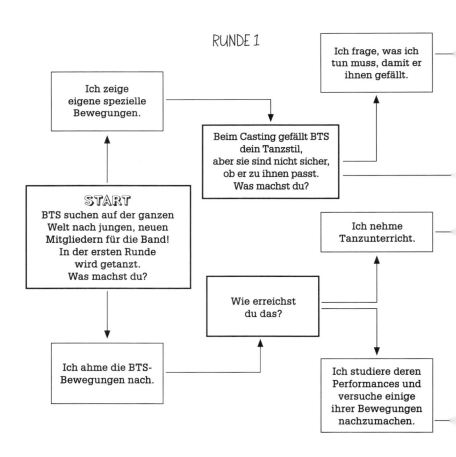

START
BTS suchen auf der ganzen Welt nach jungen, neuen Mitgliedern für die Band! In der ersten Runde wird getanzt. Was machst du?

- Ich zeige eigene spezielle Bewegungen.
- Ich ahme die BTS-Bewegungen nach.

Beim Casting gefällt BTS dein Tanzstil, aber sie sind nicht sicher, ob er zu ihnen passt. Was machst du?

- Ich frage, was ich tun muss, damit er ihnen gefällt.

Wie erreichst du das?

- Ich nehme Tanzunterricht.
- Ich studiere deren Performances und versuche einige ihrer Bewegungen nachzumachen.

BTS: BIST DU EIN SUPER-FAN?

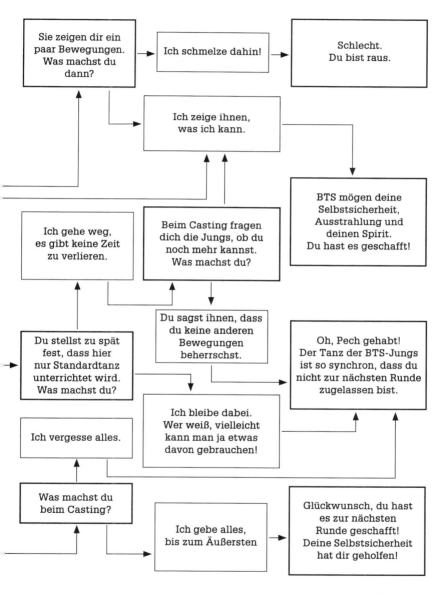

BTS: BIST DU EIN SUPER-FAN?

CASTING: SINGEN

RUNDE 2

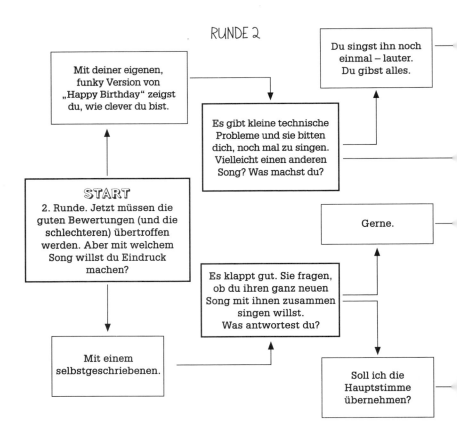

Du singst ihn noch einmal – lauter. Du gibst alles.

Mit deiner eigenen, funky Version von „Happy Birthday" zeigst du, wie clever du bist.

Es gibt kleine technische Probleme und sie bitten dich, noch mal zu singen. Vielleicht einen anderen Song? Was machst du?

START
2. Runde. Jetzt müssen die guten Bewertungen (und die schlechteren) übertroffen werden. Aber mit welchem Song willst du Eindruck machen?

Gerne.

Es klappt gut. Sie fragen, ob du ihren ganz neuen Song mit ihnen zusammen singen willst. Was antwortest du?

Mit einem selbstgeschriebenen.

Soll ich die Hauptstimme übernehmen?

BTS: BIST DU EIN SUPER-FAN?

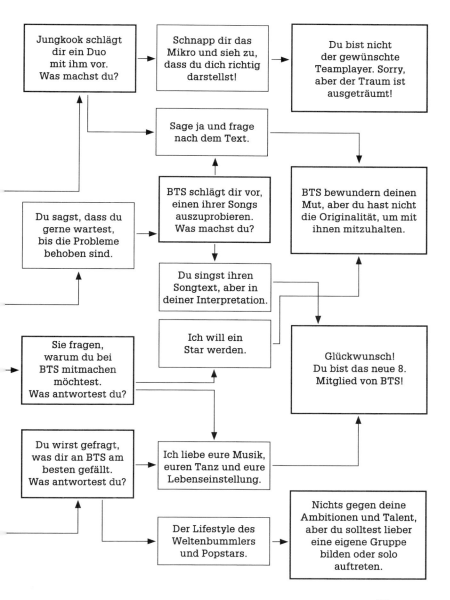

FAKTEN-CHECK: J-HOPE

NUR DREI DIESER VIER AUSSAGEN ÜBER J-HOPE TREFFEN ZU.
HAKE DIE AUSSAGE, DIE DU FÜR RICHTIG HÄLTST, IN DEM KÄSTCHEN
DANEBEN AB UND KREUZE ES DURCH, WENN SIE FALSCH IST.
DIE ANTWORTEN FINDEST DU AUF **SEITE 93**.

1. J-Hope tritt im Musik-Video von Drakes „In my feelings" auf.

2. Wenn J-Hope ein Tier sein sollte, würde er einen großen Elefanten wählen.

3. J-Hope hat eine ältere Schwester, die Modedesignerin ist.

4. Schaufensterbummeln ist eines der Lieblingshobbys von J-Hope.

EIN TAG IM LEBEN

WOW! EINE FREUNDIN VON DIR UND DU, IHR HABT BEI EINEM GEWINNSPIEL EINEN TAG MIT BTS IN IHREM LUXUSAPPARTEMENT IN SÜDKOREA GEWONNEN! FÜLLE DIE LEERSTELLEN AUS UND VERVOLLSTÄNDIGE SO DAS TAGEBUCH ÜBER DIESEN UNGLAUBLICHEN TAG IN DEINEM LEBEN.

Wow! Was für ein Preis. Es war gar nicht so einfach, die Freundin auszuwählen, mit der ich das zusammen erleben will. Aber ich weiß, dass es eigentlich nur eine gibt, und das ist ....

Als ich ihr das am Telefon gesagt habe, musste ich bei der Reaktion, nämlich .... , lachen.

Das Lieblings-BTS-Mitglied von .... ist .... und meines ....

An dem großen Tag war alles für uns vorbereitet, Transport, Unterkunft, Essen und Getränke, und wir wurden von einer freundlichen Dame begleitet. Wir haben in einem Luxushotel in Südkorea übernachtet und wurden dann von einem Taxi zur Wohnung von BTS gebracht!

Ich trug .... , zusammen mit ....
.... und meinem neuen ....

Bei der Ankunft waren wir überrascht, dass die sieben BTS-Jungs draußen warteten und auf uns zukamen, als wir aus dem Taxi stiegen. RM ging voran und sagte: „ ....
....„

Dann stellte er uns jedem einzelnen Band-Mitglied vor – als ob wir sie nicht gekannt hätten! Sie ....
.... höflich ....

Wir warteten, bis sie uns hineinführten und waren so aufgeregt, uns alles ansehen zu dürfen!

An den Wänden sahen wir ....
....

Jin brachte uns zum Lachen, als er sagte: „ ....
....„

„Das ist Sugas Zimmer", sagte RM und öffnete die Tür, damit wir eintreten konnten. Es sah .... aus.

Überall waren .... und .... !

Suga sagte: „ ....
....„

Das nächste war das Zimmer von V. Es sah ganz anders aus, weil .... und es hatte ....
....

Ich fragte V: „ ...."
und er antwortete: „ ...."

Jungook fügte hinzu: „ ...."

J-Hopes Zimmer hatte ....
.... und das von RM war ....

Wir waren von Jins Zimmer überrascht, weil ....
.... und Jungkook blickte verlegen,
als wir in sein Zimmer schauten, weil er vergessen hatte, ...
....

Jimins Zimmer war voller Spiele, wie etwa ....
.... und .... und er fragte uns,
ob wir Lust hätten, ein Spiel zu spielen.

„Wartet", sagte Jin. „Ich habe .... für euch gekocht." Er ging und brachte es zu uns und wir setzten uns alle und hauten rein. Es war .... !

Danach spielten wir eine Runde .... , wobei
....

„Wir haben eine Überraschung für euch", sagte V. „Kommt mit." Er brachte uns in ein großes Zimmer mit einer kleinen Bühne.

„Das Zimmer nutzen wir als Konzertraum. Wollt ihr unseren neuen Song hören?"

„ .... ", sagte ich.

Dann verschwanden die Jungen für einen Moment und als die Musik startete, erwartete ich, nur eine Aufnahme ihres neuen Songs vorgespielt zu bekommen, aber die Jungs kamen auf die Bühne und begannen zu singen und zu tanzen!

Am Ende lachten sie breit, wir aber lachten noch mehr und applaudierten wir verrückt.

„Der Song heißt .... ", sagte J-Hope. „Gefällt er euch?"

„ .... ", antworteten wir beide gleichzeitig.

Der Tag endete mit dem Austausch von Geschenken. Ich gab jedem von ihnen .... und wir waren erfreut, als uns die Jungen .... gaben.

Wir fühlten uns wie im Traum und konnten uns kaum vorstellen, das erlebt zu haben. Aber es war Wirklichkeit. Und jetzt steht es in meinem Tagebuch, damit ich es für immer bewahre und in Ehren halte.

GEHEIMNISVOLLER TWEETER

LIES DIESE TWEETS UND RATE, WER SIE GEPOSTET HAT.
SCHREIBE DIE ANTWORT UNTEN AUF DIE SEITE UND
ÜBERPRÜFE AUF **SEITE 93**, OB SIE STIMMT.

🐦 Mein Pony.

....

🐦 Hahahahahahahahahahahahahaha Jung Hoseok
hahahahahahahahahahaha I love you.

....

🐦 Kikeriki!!

....

🐦 Dank an alle ARMYs, unser 5. Geburtstag heute
war wirklich wunderbar! Wir sehen uns an unserem
6. Geburtstag wieder!!

....

🐦 Bleibt am Sound of the pipe dran!!

Der geheimnisvolle Tweeter ist ....

FAKTEN-CHECK: JIMIN

NUR DREI DIESER VIER AUSSAGEN ÜBER JIMIN TREFFEN ZU.
HAKE DIE AUSSAGE, DIE DU FÜR RICHTIG HÄLTST, IN DEM KÄSTCHEN
DANEBEN AB UND KREUZE ES DURCH, WENN SIE FALSCH IST.
DIE ANTWORTEN FINDEST DU AUF **SEITE 94**.

1. Jimin behauptet steif und fest, dass er nach seinem Tod als Vogel wiederkehren wird.

2. Jimins Lieblings-Superheld ist Hulk, weil er alles, was ihm im Weg steht, zertrümmert.

3. Jimin macht mit seiner Kamera gerne Selfies.

4. Jimin findet, dass der beste Körperteil von sich seine Augen sind.

BÖSE ODER NETT?

DIE BTS-JUNGS SIND GUT FREUNDE, ABER SIE NECKEN SICH GERNE GEGENSEITIG. LIES DIE FOLGENDEN AUSSAGEN UND KREUZE AN, OB DU SIE BÖSE ODER NETT FINDEST.

JIMIN

„Vs Spezialität liegt darin, die Aufmerksamkeit von den anderen auf sich zu lenken!"

☐ Böse   ☒ Nett

J-HOPE

„Suga ist ein richtiger Kümmerer. Er ist wie ein heimlicher Anführer, der für alle sorgt."

☐ Böse   ☒ Nett

RM

„Jimin ist der romantischste von uns, weil er den anderen gerne Geschenke macht."

☐ Böse   ☒ Nett

JIN

„Ich finde, dass ich ziemlich schlecht tanze ... aber Rap Monster kann wirklich nicht tanzen!"

☒ Böse   ☐ Nett

SUGA

„Jin ist bei den BTS für seine kurzen Beine bekannt."

☒ Böse   ☐ Nett

JUNGKOOK

Über Jimin: „Schüchtern, schamlos, hasst es zu verlieren."

☐ Böse   ☐ Nett

JIN

„J-Hope ist wie ein kleines Hündchen. Zu Hause ist er total
unordentlich und lässt seine Sachen überall herumliegen,
außerdem klettet er immer an anderen."

☒ Böse   ☐ Nett

JIMIN

„Als ich das erste Mal in das Wohnheim kam und Rap
Monster sah, dachte ich: ‚Wow! Der ist wirklich ein Star!'
Aber das denke ich jetzt nicht mehr."

☒ Böse   ☐ Nett

SUGA

Über V: „Jeder sagt das, aber Menschen mit Blutgruppe AB
sind entweder total genial oder völlig idiotisch. Er ist beides.
Aber manchmal hat er wirklich gute Ideen und
überrascht uns damit."

☐ Böse   ☒ Nett

Welches sind die nettesten Aussagen? ....

FINDE DIE FEHLER

Kannst du acht Unterschiede zwischen dem oberen und dem unteren Bild entdecken? Die Lösung findest du auf Seite 94.

GEHEIMNISVOLLER TWEETER

KANNST DU ERRATEN, WELCHES BAND-MITGLIED DIE FOLGENDEN TWEETS GEPOSTET HAT? SCHREIBE DIE ANTWORT UNTEN AUF DIE SEITE UND ÜBERPRÜFE AUF **SEITE 94**, OB SIE STIMMT.

🐦 Ich habe ein Video aufgenommen, aber die Band-Mitglieder wollen, dass ich es noch mal aufnehmen soll, weil Jungkook nicht dabei war.

....

🐦 Also habe ich es noch einmal gemacht. Aber Jin hyung wollte es noch einmal gemacht haben, weil er sich selbst nicht sehen konnte.

....

🐦 Es geht los!!

....

🐦 Danke, dass ihr immer an uns geglaubt und uns in all diesen 5 Jahren geliebt habt. Euretwegen geht es mir in letzter Zeit besser und probiere viel aus. Ich liebe euch auch alle sehr, ARMY. Herzlichen Glückwunsch zum Geburtstaaaag an unsere Bangtan.

....

🐦 Schönes Wetter.

Der geheimnisvolle Tweeter ist ....

DAS GROSSE INTERVIEW

DEINE AUFREGUNG IST UNVORSTELLBAR GROSS ... BTS SPIELEN IN DEINER HEIMATSTADT! DIE ZEITUNG HAT DICH GEBETEN, SIE VOR DEM AUFTRITT ZU INTERVIEWEN. DER HERAUSGEBER HAT EINEN TIPP ERHALTEN, IN WELCHEM HOTEL SIE WOHNEN. ABER KANNST DU SIE FINDEN UND WERDEN SIE MIT DIR REDEN WOLLEN? FÜLLE DIE LEERSTELLEN MIT EINEM DER VORSCHLÄGE AUS ODER LASS DIR SELBST ETWAS EINFALLEN.

Mit klopfendem Herzen kommst du am Fairview Hotel an. Beruhige dich, redest du dir ein. Tritt professionell auf. Du bist jetzt kein einfacher Fan. Du bist ein Reporter! Ein Mann im Anzug öffnet dir mit einem Lächeln die Tür. So weit, so gut! Drinnen fragst du dich, was du nun tun sollst. Du blickst zur Rezeption, dann hörst du eine Stimme.

„Kann ich Ihnen helfen?" Du drehst dich um und siehst eine Frau hinter dem Tisch, die dich anblickt. Überrascht schaffst du es doch noch zu fragen .... (wo die Toilette ist/ob BTS hier wohnen/wo die Lounge ist)

Weil du nicht genau weißt, was du als Nächstes tun oder wohin du gehen sollst, verlässt du das Hotel und läufst eine Runde um den Block. Es ist ein schöner Tag. Vielleicht sitzen die BTS-Jungs draußen?

Als du um die Ecke biegst, hörst du Stimmen. Als du näherkommst, kannst du dein Herz bis zum Hals klopfen hören. Es ist die unverkennbare Stimme von .... (J-Hope/Suga/einem Hund)

Du hörst die anderen lachen. Du spürst die Aufregung am ganzen Körper. Dann siehst du sie. Sie .... (sitzen plaudernd an einem Tisch/lachen miteinander/tanzen/ spielen „Schere, Stein, Papier")

Du trittst auf einen Zweig und es knackt. Bevor du verstehst, warum, steht ein kräftiger Security-Mann neben dir und führt dich zu den Jungs. „Das ist .... " sagt er. (ein Schnüffler/Privatgebiet/womit ich meinen Lebensunterhalt verdiene)

Die BTS-Jungs blicken dich an. Du starrst mit weit geöffneten Augen und heruntergefallener Kinnlade zurück. Das ist ein sonderbarer Augenblick und du spürst, dass du etwas sagen solltest. Du atmest tief ein und sagst: „ ...." (Ich wurde gebeten, euch zu interviewen./Jetzt wird ein Traum für mich wahr./Ich liebe euch.)

Zu deiner Erleichterung lachen die Jungs und winken dich zu sich herüber. Du setzt dich zu ihnen, aber der Security-Mann sagt: „ ...." (Ich muss dich von hier wegführen./Sie sind zu beschäftigt./Wie kann es sein, dass du bei ihnen sitzen darfst, ich aber nicht?)

Aber .... (RM/Jin/Suga/J-Hope/Jimin/V/Jungkook)
kommt und springt dir bei: „ ....
....
(Lass sie, wir möchten gerne mit ihr sprechen/Du bist unser Gast/
Lassen Sie uns allein, Security-Guard)

Du setzt dich und erklärst, worum du gebeten worden bist.
Jin vertraut dir an, dass er früher ein Reporter werden
wollte. Du lächelst und sagst: „ ....
....
(Ich weiß/Wirklich?/Hast du es bereut, dass du es nicht geworden
bist?)

Sie lachen alle, als .... (RM/Jin/Suga/J-Hope/
Jimin/V/Jungkook) sagt: „ ....
.... "
(Leg los und zeig Jin, wie man es macht/Er hat sich selbst zu sehr
geliebt/Er hat stattdessen gegessen)

Zu deinem Erstaunen hören sie sehr höflich zu, was du
fragst und antworten wahrheitsgemäß auf deine Fragen.
Nachdem du dich bei ihnen bedankt hast, dass sie sich die
Zeit genommen haben, stehen sie alle auf und umarmen
dich zum Abschied, sodass du etwas benebelt weggehst.

**Schreibe nun dein Traum-Interview mit BTS auf der
gegenüberliegenden Seite auf.**

EXKLUSIVES INTERVIEW
MIT BTS

Von

KNACKE DAS KREUZWORTRÄTSEL

LIES DIE TIPPS HIER UNTEN UND TRAGE DIE ANTWORTEN
IN DAS KREUZWORTRÄTSEL AUF DER SEITE GEGENÜBER EIN.
ÜBERPRÜFE SIE ANSCHLIESSEND AUF **SEITE 94.**

WAAGERECHT

1. Der _ _ _ Bullet, Titel ihres ersten Konzerts in voller
Länge (3)

3. Jin ist ein Fan von _ _ _ _ _ West, einem berühmten
amerikanischen Rapper (5)

5. RM hat in Neu-_ _ _ _ _ _ _ studiert (7)

SENKRECHT

2. BTS sind in einer beliebten amerikanischen Chat-Show
aufgetreten, die von Ellen _ _ _ _ _ _ _ _ _ moderiert wird (9)

4. Der Frühling ist die liebste Jahreszeit dieses
BTS-Mitglieds (5)

6. Das älteste Band-Mitglied (3)

BTS: BIST DU EIN SUPER-FAN?

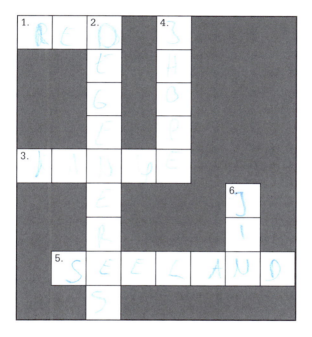

GEHEIMNISVOLLER TWEETER

NUTZE DEINEN SPÜRSINN, UM HERAUSZUFINDEN,
WELCHES BAND-MITGLIED DIE FOLGENDEN TWEETS GEPOSTET HAT.
SCHREIBE DIE ANTWORT UNTEN AUF DIE SEITE UND
ÜBERPRÜFE AUF **SEITE 95**, OB SIE STIMMT.

🐦 Ich will jemand werden, der noch großartiger ist und eine Kraftquelle sein kann.
Thank you so much, ARMY.

....

🐦 Das letzte Bild ist ein Blutmond.

....

🐦 Danke, dass ihr uns in den letzten 5 Jahren begleitet habt. Wirklich danke!

....

🐦 Wächter der ARMY.

....

🐦 Es ist heiß.

Der geheimnisvolle Tweeter ist ....

SETLIST

DIE JUNGS WOLLEN GERADE ZU EINER GROSSEN TOUR AUFBRECHEN, ABER EIN KOMISCHER SCHREIBERLING HAT DIE SONGTITEL FALSCH GESCHRIEBEN UND ALLE BUCHSTABEN DURCHEINANDERGEBRACHT. DIE JUNGS BRAUCHEN UNBEDINGT IHRE SETLIST, ABER IN DEN WENIGEN VERBLIEBENEN MINUTEN KÖNNEN SIE SIE NICHT ERSTELLEN. KANNST DU AUSHELFEN UND DIE SONGTITEL AUFLÖSEN UND SO DIE SHOW RETTEN? DIE ANTWORTEN STEHEN AUF **SEITE 95**.

1. 'ON ROME ARMED'

....

2. 'EW ERA BLURTOEFLOP TP.2'

....

3. 'GANDER'

....

4. 'RAW OF ROOMHEN'

....

5. 'YOB IN VLU'

....

6. 'DOLOB, WASTE & RATES'

....

7. 'RIFE'

....

8. 'KEAF OLEV'

....

9. 'PODE'

....

10. 'AND'

....

11. 'VASE EM'

....

12. 'CMI PROD'

....

FAKTEN-CHECK: V

NUR DREI DIESER VIER AUSSAGEN ÜBER V TREFFEN ZU.
HAKE DIE AUSSAGE, DIE DU FÜR RICHTIG HÄLTST, IN DEM KÄSTCHEN
DANEBEN AB UND KREUZE ES DURCH, WENN SIE FALSCH IST.
DIE ANTWORTEN FINDEST DU AUF **SEITE 95**.

1. V beschreibt sich selbst als einen Affen.

2. V stand seiner Großmutter väterlicherseits sehr nahe; sie zog ihn vierzehn Jahre lang auf, weil seine Eltern viel auf ihrem Bauernhof arbeiteten.

3. Vs Lieblings-Superheld ist Ironman.

4. Als Kind wollte V Astronaut werden.

TSSS!

HIER FINDEN SICH EIN PAAR ÜBERRASCHENDE UND
ERSTAUNLICHE TATSACHEN ÜBER DIE JUNGS, DIE SIE AM
LIEBSTEN NICHT AUSGEPLAUDERT HÄTTEN. ERRÄTST DU, WELCHE
OBERPEINLICHE AUSSAGE ZU WELCHEM BANDMITGLIED GEHÖRT?
SCHREIBE SEINEN NAMEN DARUNTER UND SIEH DANN AUF
SEITE 95 NACH, OB DIE ANTWORT STIMMT.

1. Man sagt, dass er im Bett seltsame Verrenkungen
macht.

Wer ist das? ....

2. Er hat die Angewohnheit, an den Nägeln zu kauen.

Wer ist das? ....

3. Er hat das schmutzigste Bett.

Wer ist das? ....

4. Er hat zugegeben, Jungkooks Unterwäsche getragen
zu haben, als dieser danach suchte.

Wer ist das? ....

5. Man sieht ihn oft mit den Armen über dem Kopf schlafen.

Wer ist das? ....

6. Er liebt Stofftiere.

Wer ist das? ....

7. Wenn er Superkräfte hätte, würde er gerne mit Autos sprechen können.

Wer ist das? ....

8. Er hat sich Vs Kopfhörer geliehen und sagte, dass er sie nicht finden würde, als V sie zurückhaben wollte. Zwei Monate später sah man ihn damit!

Wer ist das? ....

9. Er ist zu ängstlich, um Horrorfilme anzuschauen.

Wer ist das? ....

10. Als er jünger war, machte er für seine Mutter am Valentinstag Schokolade selber. Er versuchte, eine große Menge Schokolade zu schmelzen, aber sie brannte an und seine Mutter war ziemlich verärgert.

Wer ist das? ....

11. Er hat die Angewohnheit, nachts im Wohnheim laut zu singen.

Wer ist das? ....

12. Wenn er einen Tag frei hat, möchte Jin, dass dieses BTS-Mitglied sein Diener ist, sodass er ihn herumkommandieren kann.

Wer ist das? ....

GEHEIMNISVOLLER TWEETER

LIES DIESE TWEETS UND RATE, WER SIE GEPOSTET HAT.
SCHREIBE DIE ANTWORT UNTEN AUF DIE SEITE UND
ÜBERPRÜFE AUF **SEITE 95**, OB SIE STIMMT.

Was macht ihr gerade?

....

Entschuldigung an alle. Ich wollte ins Chat-Fenster
sehen, habe es aber mit einem Klick geschlossen. Ich
beantworte eure Fragen nächstes Mal. Sorry und danke!

....

Liebt Monie mich ...?

....

Im Winter dreht sich alles (nur) um Puffreis-Snacks.

....

Vor ein paar Tagen habe ich Jungkook gebeten, diesen
Song zu covern. Am nächsten Tag hat er es gemacht und
mir über KakaoTalk geschickt. Wenn du ihn hörst, ist es
nicht Jungkook, es ist der Himmel.

Er geheimnisvolle Tweeter ist ....

JOKER IM GEPÄCK

DIE BTS-JUNGS SIND FÜR IHREN VERRÜCKTEN HUMOR BEKANNT, UND WENN WIR ÜBER IHR HERUMALBERN ZWAR NICHT LACHEN KÖNNEN, SIE TUN ES GANZ BESTIMMT! WER ABER IST DER WITZIGSTE? DU KANNST DARÜBER ENTSCHEIDEN! BEURTEILE JEDEN WITZIGEN AUSSPRUCH AUF EINER SKALA VON 1 BIS 5, ADDIERE DIE PUNKTE UND FINDE SO HERAUS, WER DER WITZIGSTE IST.

RM

Über Suga: „Als er kleiner war, hat er Tennis gespielt und die Bronze-Medaille in einem Turnier gewonnen … allerdings waren nur drei Spieler dabei. Glückwunsch."

„Jimin, you got no jams" (Jimin, du bist nicht lustig)

JIN

„Gewinnen, verlieren, mir macht das alles nichts aus, denn am Ende des Tages sehe ich immer noch genauso aus. Wer ist also der wirkliche Gewinner?"

Über Suga: „Er ist gerne ans Bett gefesselt."

SUGA

Er hat gesagt, dass sein „Anmachspruch" zu Mädchen „Magst du diese Kette? Drei Dollar." war.

„Diese Möwe dort drüben hat eine Freundin. Aber wieso habe ich keine?"

J-HOPE

Als er darauf aufmerksam gemacht wurde, wie unangenehm es ihm war, als er bei einem Ausflug in den Zoo eine Schlange um die Schulter gelegt bekam, erklärte J-Hope dem Interviewer: „Ich hasse Schlangen!"

„Schmutziges Wasser in meinem Gesicht!"

JIMIN

Über das Vortanzen bei BTS: „Ich ging so weit, rappen zu lernen, aber nachdem ich es vorgemacht hatte, sagten sie so etwas wie ‚Lass uns mehr am Gesang arbeiten.'"

„Hey, J-Hope! Glaubst du, ich bin begehrt?"

V

„Meine Oma mag mich mollig, daher esse ich noch mehr."

4 ? / 5

Über Rap Monster: „Meiner Meinung nach ist er zu 10 % genial und zu 90 % idiotisch."

? / 5

JUNGKOOK

Über Suga: „Er ist wie ein Opa. Aber seine Musikleidenschaft übertrifft alles. Er weiß auch sehr viel. Aber er ist immer noch ein Opa."

5 ? / 5

„Ich wollte gerade zur Toilette gehen, was aber nicht möglich war, da wir gerade ein Preis gewonnen hatten."

5 ? / 5

Wen findest du am witzigsten? ..... Jungkook .....

BTS: BIST DU EIN SUPER-FAN?

DIE QUAL DER WAHL

WAS WÜRDEST DU TUN, WENN DU DIE MÖGLICHKEIT HÄTTEST,
ETWAS ZEIT MIT DEN JUNGS ZU VERBRINGEN?
SIEH DIR DIE VORSCHLÄGE UNTEN AN. DU MUSST IMMER NUR EINE
SACHE AUSWÄHLEN. LASS DOCH AUCH DEINE FREUNDE MITMACHEN UND
VERGLEICHT AM ENDE EURE ANTWORTEN.

Würdest du lieber ...

Spaß bei einem Tennis-Match mit J-Hope haben? ☒

ODER

Basketball mit Suga spielen? ☐

Fahrradfahren mit V? ☒

ODER

Unterricht in Kampfsport mit Jungkook nehmen? ☐

dir von J-Hope tanzen beibringen lassen? ☒

ODER

rappen von RM? ☐

BTS: BIST DU EIN SUPER-FAN?

einen Tag auf der Kirmes mit allen BTS-Boys verbringen? ☒

ODER

mit allen Schnorcheln gehen? ☒

persönlich durch Jimins Heimatstadt geführt werden? ☒

ODER

ihm deine Heimatstadt zeigen? ☐

der Visagist der Band sein? ☒

ODER

ihr persönlicher Friseur? ☐

mit J-Hope einen Hubschrauberflug unternehmen? ☐

ODER

Schlittschuhlaufen mit J-Hope? ☒

dir von Suga ein Liebeslied schreiben lassen? ☒

ODER

von V ein Gedicht? ☐

BTS: BIST DU EIN SUPER-FAN?

mit den Jungen zum Delphinschwimmen gehen? ☒

ODER

zum Gleitschirmfliegen? ☐

mit RM eine Karaoke-Nacht verbringen? ☒

ODER

Gokart fahren mit RM? ☐

mit Jungkook ins Kino gehen? ☒

ODER

mit Jungkook ins Restaurant gehen? ☐

mit V die Fahrten in einem Freizeitpark genießen? ☒

ODER

mit Suga am Strand Muscheln sammeln? ☐

mit Suga im Duett singen? ☒

ODER

Suga ganz allein für dich singen lassen? ☐

BTS: BIST DU EIN SUPER-FAN?

mit den Jungs im Tour-Bus fahren? ☒

ODER

bei einem ihrer Gigs backstage sein? ☐

der Gesangslehrer der Jungs sein? ☒

ODER

ihr Personaltrainer? ☐

mit den Jungs auf Shoppingtour gehen? ☒

ODER

sie im Aufnahmestudio bei der Arbeit beobachten? ☐

mit BTS ein witziges Online-Spiel spielen? ☒

ODER

von jedem von ihnen ein Geheimnis erfahren? ☐

der Manager von BTS sein? ☐

ODER

ihr bester Freund? ☒

GEHEIMNISVOLLER TWEETER

ALLE JUNGS TWITTERN GERNE MIT IHRER ARMY.
KANNST DU ERRATEN, WELCHES BANDMITGLIED DIE FOLGENDEN
TWEETS GEPOSTET HAT? NOTIERE DEINE ANTWORT UNTEN
UND SIEH AUF **SEITE 96** NACH, OB SIE STIMMT.

Es ist spät, passt daher auf euch auf, wenn ihr nach Hause geht. Danke.

....

Müde.

....

Wir sind alle Ddaeng! Danke ARMY – Jeder hat für Festa hart gearbeitet!

....

Warte, tanze ich wirklich besser als gedacht? Nicht lachen, Park Jiminie.

....

Danke, ich werde noch härter arbeiten!!! Heute ist es so kalt, achtet darauf, dass ihr euch nicht erkältet!!

Der geheimnisvolle Tweeter ist ....

FAN-LIEBE

ES SCHEINT, ALS WÜRDEN BTS IHRE FANS MEHR LIEBEN ALS IRGENDEINE ANDERE BAND. SIE SIND SO DANKBAR FÜR DIE ARMY AUF DER GANZEN WELT, DASS SIE NIEMALS AUFHÖREN, SIE ZU LOBEN UND IHR ZU DANKEN. MARKIERE, WIE SÜSS DU DIE UNTEN AUFGEFÜHRTEN STATEMENTS FINDEST, IN DEM DU ZWISCHEN 1 BIS 5 HERZEN AUSMALST.

„I purple you."

J-HOPE

„Ich bin eure Hoffnung, ich bin euer Engel."

„Wir sind hier, um ARMY zu danken."

JUNGKOOK

Nach ihrer 2018 Billboard Music Awards Performance:
„Mir hat es Spaß gemacht. Es waren so viele ARMYs im Saal, die mich angespornt haben. Ich glaube, das hat mich bestärkt. Als ich ihr lautes Anfeuern gehört habe, habe ich alles gegeben."

J-HOPE

Gefragt, wenn er tun könnte, was er wollte, sein könnte, wo er wollte und zusammen sein könnte, mit wem er wollte, antwortete er: „Einen Tag mit einem Fan verbringen."

RM

„Die Tatsache, dass wir uns treu geblieben sind, war am wichtigsten. Denn wir sind Künstler, die hart arbeiten, um Musik zu machen und Performances zu zeigen. Daher achten wir immer besonders auf unsere Performance und lassen die Kommunikation mit unseren Fans nicht abreißen."

JIMIN

„Wir hätten nicht tun können, was wir wollten ... ARMY sind die Menschen, die uns dankbar dafür sind, die mit uns aufgestiegen sind. Wir sagen das immer wieder, aber sie sind unser Ein und Alles."

JUNGKOOK

„Wir sind weit, weit davon entfernt, aber wir wollen immer zusammenbleiben."

RM

„Wir sind äußerst stolz auf unsere Fans. Unsere ARMY. Sie haben das alles ermöglicht."

J-HOPE

„Um ehrlich zu sein, jeder Tag ist anstrengend und schwierig, aber ich glaube, dass der einzige Grund, warum ich das alles bewältige, unsere ARMY ist."

RM

„Den größten Sinn in unserem Tun spüren wir, wenn wir sehen, dass, auch wenn wir auf Koreanisch singen, [unsere Fans] noch genau verstehen, was gemeint ist, und dass sie verstehen, was wir sagen. Wir sind im Zeitalter der neuen Medien, sodass sie sich Zeit nehmen, unsere Lyrik und Reden zu übersetzen."

SUGA

Auf ARMY bezogen: „Ich hoffe, dass wir jeden auf lange Sicht stärken können."

SUGA

„Mir macht es Mut, dass wir zusammen fliegen. Ich habe Angst vor dem Abstürzen, nicht vor dem Landen. Danke, dass ihr uns begleitet. Ich werde immer dankbar sein und ich liebe euch."

FAKTEN-CHECK: JUNGKOOK

NUR DREI DIESER VIER AUSSAGEN ÜBER JUNGKOOK TREFFEN ZU. HAKE DIE AUSSAGE, DIE DU FÜR RICHTIG HÄLTST, IN DEM KÄSTCHEN DANEBEN AB UND KREUZE ES DURCH, WENN SIE FALSCH IST. DIE ANTWORTEN FINDEST DU AUF **SEITE 96**.

 1. Jungkooks Künstlername wäre fast „Möwe" gewesen, weil dies der offizielle Vogel von Busan ist, der Hafenstadt, in der er aufwuchs.

 2. Jungkooks Lieblingstier ist das Zebra.

 3. Jungkook dreht gerne Reisevideos.

 4. Als Jungkook jung war, wollte er Badmintonspieler werden.

ABGEHOBEN?

BEI DEM GANZEN ERFOLG BESTEHT DIE GEFAHR,
DASS DIE JUNGS EIN WENIG ÜBERHEBLICH WERDEN. WIE KOMMEN
SIE DAMIT ZURECHT? STEHEN SIE MIT BEIDEN FÜSSEN AUF DEM
BODEN ODER SIND SIE ABGEHOBEN? BEURTEILE IHRE AUSSAGEN UND
ENTSCHEIDE, OB SIE BODENSTÄNDIG ODER ABGEHOBEN SIND.

1. JIN

„Ich glaube, ich gelte auf der ganzen Welt als gutaussehend."

☐ Bodenständig   ☐ Abgehoben

2. SUGA

„Min Suga, Genie. Diese Worte sollten reichen."

☐ Bodenständig   ☐ Abgehoben

3. V

„Weißt du, warum der Regenbogen sieben Farben hat? Weil Bangtan sieben Mitglieder hat."

☐ Bodenständig   ☐ Abgehoben

4. J-HOPE

„Es ist egal, wie sehr meine Persönlichkeit ausstrahlt. Ich bin immer noch ein Mensch. Ich werde gestresst."

☐ Bodenständig   ☐ Abgehoben

5. RM

„Das Leben ist schöner, wenn man weiß, dass es uns auf Erden geliehen wurde. Auch das Licht wird mehr geschätzt, wenn es dunkel ist."

☐ Bodenständig   ☐ Abgehoben

6. JIMIN

„Englisch ist kein Hindernis, wenn du so süß wie ich bist!"

☐ Bodenständig   ☐ Abgehoben

7. JUNGKOOK

„Mein Name ist Jungkook ... vom Rang eines internationalen Playboys."

☐ Bodenständig   ☐ Abgehoben

8. JIN

„Ich persönlich glaube, dass das Gesicht der ausschlaggebende Faktor bei der Mode ist. Daher kann ich alles tragen und es sieht immer gut aus."

☐ Bodenständig   ☐ Abgehoben

9. SUGA

„In meinem nächsten Leben möchte ich als Fels geboren werden."

☐ Bodenständig   ☐ Abgehoben

10. V

„Wo auch immer du herkommst, es spielt keine Rolle, solange du zu mir hältst."

☐ Bodenständig   ☐ Abgehoben

11. J-HOPE

„Ich saß im Flugzeug, als ich diese Verse geschrieben habe, noch dazu auf einem Platz in der ersten Klasse. Da dämmerte mir, dass ich das ruhmreiche Leben lebte, von dem ich immer geträumt hatte, als ich jung war, und dass ich es nun erreicht hatte. Aber ich bin schließlich immer noch dieselbe Person, derselbe J-Hope."

☐ Bodenständig   ☐ Abgehoben

12. JUNGKOOK

„Die Mühe prägt dich. Du wirst es eines Tages bereuen, wenn du jetzt nicht dein Bestes gibst. Glaube nicht, dass es zu spät ist, sondern strenge dich weiterhin an."

☐ Bodenständig   ☐ Abgehoben

GEHEIMER GIG

OH MEIN GOTT! DU HAST EINEN VIP-AUSWEIS FÜR
EINEN GEHEIMEN GIG VON BTS GEFUNDEN, ABER EIN PAAR WICHTIGE
DETAILS FEHLEN. KANNST DU LEERSTELLEN FÜLLEN UND DIE
LOCATION HERAUSFINDEN SOWIE WER DER EHRENGAST SEIN WIRD?
ÜBERPRÜFE DEINE ANTWORT AUF **SEITE 96**.

Der Gig wird in derselben Stadt stattfinden, wo
J-Hope 1994 geboren wurde.

Wo ist das? ....Gwangju...

Es geht das Gerücht um, dass beim Gig ein Ehrengast
erscheinen soll. Streiche alle Ks, Vs, Bs und Xs aus,
um die Antwort zu erhalten.

A	K	I	R	V	A	X	B	N
X	V	G	K	A	B	E	R	X
K	D	K	B	V	N	B	V	A

Wer ist der geheimnisvolle Ehrengast? ....Ariana

........Grande...

HELFENDE HÄNDE

BTS SIND BEKANNT FÜR IHRE HÖFLICHKEIT, EINFÜHLSAMKEIT UND CHARITY-TÄTIGKEIT. ÜBERPRÜFE, WIE VIEL DU VON DER WOHLTÄTIGKEIT DER JUNGS WEISST, INDEM DU DIE LEERSTELLEN UNTEN MIT EINER DER DREI VORGESCHLAGENEN MÖGLICHKEITEN AUSFÜLLST. DIE RICHTIGEN ANTWORTEN FINDEST DU AUF **SEITE 96**.

1. 2015 haben sie über 6.000 kg .... bei der Eröffnungszeremonie der K-Star Road in Südkorea, der Heimat vieler K-Pop-Unterhaltungsfirmen, gespendet.
(Kleidung/Reis/Kartoffeln)

2. BTS haben eine offizielle Kampagne mit dem Namen .... gestartet. Damit sollen auf der ganzen Welt Kinder und Jugendliche, die Opfer häuslicher und schulischer Gewalt oder sexueller Übergriffe wurden, unterstützt werden.
(Together Forever/Unity/Love Myself)

3. .... hat Schüler seiner ehemaligen Schule, der Busan Hoedong Elementary School, unterstützt, indem er die Kosten für die Schuluniform von 2016 bis zur Schließung der Schule 2018 übernahm.
(RM/Jin/Suga/J-Hope/Jimin/V/Jungkook)

4. An seinem 25. Geburtstag hat .... unter dem Namen „ARMY" zehn Kilo koreanisches Rindfleisch an 39 Waisenhäuser in Korea gestiftet.
(RM/Jin/Suga/J-Hope/Jimin/V/Jungkook)

5. BTS hat bei Koreas .... Challenge mitgemacht, um Geld und Aufmerksamkeit für an amyotropher Lateralsklerose Erkrankte zu erzielen.
(Ice Bucket/Pie Face/Hula Hoop)

6. Jedes BTS-Mitglied hat 10.000.000 südkoreanische Won (ca. 7.660 Euro) für 4/16 Sewol Families for Truth and A Safer Society gespendet, die Organisation, die sich um die Hinterbliebenen des Sewol-Fährunglücks von .... kümmert. (2011/2013/2014)

7. 2014 hat BTS ein Kinderheim und ein Altenheim besucht, um im Rahmen des Programms .... mit den Bewohnern zu sprechen und ihnen Essen und Getränke zu bringen.
(Meet and Greet/Caring Hands/Love Food Bank)

8. .... und .... haben jeder persönlich signierte Shirts an die „WeAja Charity Auction" gespendet, um Geld für arme Familien zu sammeln.
(RM/Jin/Suga/J-Hope/Jimin/V/Jungkook)

GEHEIMNISVOLLER TWEETER

BTS TWITTERN GERNE MIT IHRER ARMY. KANNST DU ERRATEN, WELCHES BAND-MITGLIED DIESE TWEETS GEPOSTET HAT? SCHREIBE DIE ANTWORT UNTEN AUF DIE SEITE UND KONTROLLIERE AUF **SEITE 96**, OB DU RICHTIG LIEGST!

🐦 Danke, dass ihr das gemacht und uns „geheilt" habt. Ich liebe euch.

....

🐦 Boy mit Perlenohrring #Hello

....

🐦 I PurpleYou I PurpleYou I PurpleYou!!! I PurpleYou!!! #ARMYheartBangtan

....

🐦 Ich komme zu ARMY

....

🐦 Ich werde euch zeigen, wie er isst und dann durch eine Live-Sendung auf V App springt, habt einen schönen Tag mit Yeontan.

Der geheimnisvolle Tweeter ist ....

FAME GAME

GLAUBST DU, DASS DU EIN TEIL EINER BAND SEIN KÖNNTEST,
DIE EINES TAGES AUF DER GANZEN WELT SO BERÜHMT IST WIE BTS?
ENTDECKE MIT DIESEM QUIZ DEINEN INNEREN SUPERSTAR.
WIRST DU EIN HIT SCHMETTERNDER SÄNGER, EINE TV-DIVA ODER
EIN BÜHNEN-STARLET SEIN? KREISE JEWEILS A, B ODER C EIN
UND CHECKE DEINEN STAR-STATUS AUF DEN **SEITEN 86–87**.

1. Wie würden dich deine Freunde beschreiben?

a. kontaktfreudig

b. ruhig, zielgerichtet

c. etwas scheu

2. Was würdest du gerne unternehmen wollen?

a. Atemberaubende Fahrten im Vergnügungspark

b. Gokart fahren

c. Tauchen mit Atemgerät

3. Welches Tier passt am besten zu deinem Typ?

a. Affe

b. Löwe

c. Panda

4. Dein Handy soll auf jeden Fall:
   a. glitzern
   b. bunt sein
   c. bruchsicher sein

5. Womit würdest du dich am liebsten fortbewegen?
   a. Rennwagen
   b. Heißluftballon
   c. Elefant

6. Auf einer Party wird deine Lieblingsmusik gespielt. Was machst du?
   a. Ich ziehe alle auf die Tanzfläche.
   b. Gehe allein zur Tanzfläche vor.
   c. Bewege mich etwas, während ich mich unterhalte.

7. Welche Worte stehen am ehesten auf deinem Zeugnis?
   a. Reizbar
   b. Träumer
   c. Zuhörer

8. Wenn ein Gesangslehrer dir sagt, dass du glanzlos warst, was würdest du tun?

a. Weiter üben

b. Stattdessen ein Instrument spielen oder tanzen

c. Sehr beleidigt sein

9. Du gewinnst einen Kostümwettbewerb. Was würdest du bei der Preisverleihung machen?

a. Eine emotionale Rede halten, Familie, Freunden und allen danken, die du kennst und diesen Moment ermöglicht haben.

b. Lächeln, „danke" sagen und gehen.

c. Mit den Achseln zucken und sagen, dass es bessere Outfits als deins gab.

10. Welches ist beim Essen in einem Restaurant dein Lieblingsgang?

a. Das Dessert

b. Die Vorspeise

c. Die Hauptspeise

11. Wenn dein Haus brennt und du es schnell verlassen musst, was würdest du mitnehmen?

a. Dein Handy

b. Deine Jacke

c. Deinen Teddy

BLÄTTERE UM UND ENTDECKE DEINEN INNEREN SUPERSTAR ...

ERGEBNISSE

ZÄHLE, WIE OFT DU A, B UND C IM QUIZ
AUF **SEITE 83-85** ANGEKREUZT HAST.
LIES DANN UNTEN DIE ANALYSE ZU DEINEM STAR-STATUS.

AM MEISTEN A:
HITS SCHMETTERNDER SÄNGER

Du fürchtest dich ganz bestimmt nicht vor
Scheinwerferlicht. Vielmehr liebst du es sogar!
Wenn irgendwo eine Bühne ist, gibt es für dich nur
einen Platz, nämlich in der Mitte. Du hast den Drive,
das Selbstbewusstsein und die Energie zum Erfolg,
aber bedenke, dass du dich ganz darauf ausrichten,
hart arbeiten und das Talent in deinem Inneren
entwickeln musst. Go for it!

AM MEISTEN B: TV-DIVA

Es geht nicht nur darum, im Mittelpunkt zu stehen
und die meiste Aufmerksamkeit zu bekommen,
stimmt's? Du gehst die Dinge ruhiger und
selbstbewusst an und läufst nicht einfach den
anderen hinterher.
So lange du den Leuten nicht fremd wirst,
hast du hervorragende Aussichten auf Erfolg.

AM MEISTEN C: BÜHNEN-STARLET

Niemand macht dir Vorwürfe wegen deines Party-
Lebens. Aber willst du wirklich so sein? Sensibel
und vorsichtig sind deine Merkmale und das kann
kaum falsch sein. Aber wenn du wirklich ein Star
sein willst, musst du gelegentlich ein paar Risiken
auf dich nehmen und dich darauf vorbereiten,
aus dem Schatten herauszutreten.
Du kannst das, wenn du das wirklich möchtest.
Aber die Frage ist, „willst du es?"

LIKE OR LOVE?

ARMY VERTEILT VIELE „LIKES" FÜR DIE VERSCHIEDENEN DINGE,
DIE BTS MITTEILEN, ABER WIE SEHR „LIEBEN" WIR IHRE KOMMENTARE?
SIEH DIR DIE SÜSSEN, TIEFGRÜNDIGEN, INTERESSANTEN UND
AMÜSANTEN AUSSPRÜCHE UNTEN AN UND FÜLLE ENTWEDER
DEN „LIKE"-KREIS ODER DAS „LOVE"-HERZ AUS.
(VERSUCHE MAL, NICHT ALLES MIT EINEM „LOVE" ZU KOMMENTIEREN!)

JIN
„Wenn ich esse, bin ich happy und jeder sieht wie ein Engel aus."

JUNGKOOK
„Plötzlich habe ich viele Falten an meinen Augen ... Vielleicht weil ich so viel lächele?"

SUGA
„Jungkook hat ein gutes Gedächtnis und kann uns daher gut nachmachen. Ich erinnere mich, dass Jungkook, als er zu uns kam, kleiner als ich war. In Anbetracht der Tatsache, dass er gewachsen ist, kommt es mir vor, als hätte ich ihn aufgezogen."

JIN
„Ich wusste nicht, dass Feuer so heiß sein kann."

SUGA
„Mogler gewinnen niemals, aber ich habe gerade meinen Abschluss gemacht."

JIMIN
„Ich finde J-Hope fantastisch. Und die Leute glauben, er ist immer nett und unschuldig, aber hinter seinem Lächeln lebt ein Teufel."

SUGA
„Ich glaube, wir fliegen zu hoch. Ich sehe so viel und alles scheint so weit weg zu sein. Ich habe Angst, nach unten zu blicken."

JIMIN
„J-Hope zieht mich immer auf und hört dabei nie mit dem Lächeln auf. Aber du kannst jemanden, der so happy aussieht, nicht schlagen."

RM

„Wenn wir manchmal ziemlich niedergeschlagen, aber verliebt sind, sollten wir unsere Masken abnehmen und so sein, wie wir wirklich sind."

JIN

„Ich habe ein Lebensmotto: „Wenn du dich wie ein junger Mensch verhältst, wird dein Gesicht auch jünger."

JUNGKOOK

„Als ich kleiner war, dachte ich, dass alles irgendwann von selbst geschieht, aber jetzt merke ich, dass ich die Initiative ergreifen und daran arbeiten muss, besser zu werden."

V

„Ich habe keine Angst davor, hässlich auszusehen. Und ich bin dankbar, dass [meine Fans] mich auch dann mögen, wenn meine Mimik sonderbar ist. Ich achte nicht darauf, auf unnatürliche Weise ansprechend auszusehen. Das wäre eine Belastung für mich."

J-HOPE

„Jimin ist generell ziemlich niedlich. Mit anderen Worten, ihm wurde die Niedlichkeit in die Wiege gelegt."

ANTWORTEN

Bist du ihr größter Fan?
Seite 6–8

1. c	4. a	7. a	10. a
2. c	5. b	8. c	11. c
3. c	6. b	9. b	12. c

Fakten-Check: RM
Seite 9
Nummer 3 ist falsch.

Finde den Song
Seite 10–11

F	M	O	T	W	U	H	K	S	E	C	P	R	L	D
B	R	M	E	N	O	M	R	O	H	F	O	R	A	W
P	C	J	A	G	I	S	T	G	U	Y	H	E	P	S
R	U	S	X	E	M	I	C	R	R	O	P	V	I	N
N	P	H	E	F	R	D	O	X	A	J	A	W	T	E
S	M	Y	E	A	R	D	R	S	F	X	M	D	Z	R
D	J	O	V	K	L	U	E	B	D	V	C	I	S	I
B	W	Z	O	E	T	O	X	R	Y	T	A	E	P	T
I	S	I	L	V	E	R	S	P	O	O	N	R	R	K
T	C	G	E	P	R	I	D	F	B	M	K	P	I	D
M	S	J	K	H	O	W	E	P	D	E	O	Z	N	B
L	E	A	A	T	K	T	V	G	O	B	I	N	C	O
N	N	O	F	Y	R	I	P	S	P	U	T	W	D	R
L	W	S	A	V	E	M	E	C	E	H	I	L	A	C
N	R	E	V	U	L	N	I	Y	O	B	D	J	Y	P

— 91 —

BTS und Prominente
Seite 12–14

1. Liam Payne
2. Meghan Trainor
3. Camila Cabello
4. John Cena
5. Peter Crouch
6. Taylor Swift
7. John Legend
8. The Chainsmokers
9. Tyra Banks
10. Backstreet Boys
11. Jared Leto
12. Shawn Mendes
13. Halsey
14. Kehlani
15. Charlie Puth
16. Ansel Elgort

Fakten-Check: Jin
Seite 19
Nummer 1 ist falsch.

Wer hat das gesagt?
Seite 20–21

1. Jimin
2. V
3. Suga
4. J-Hope
5. RM
6. Jungkoook
7. Jin
8. RM

Richtig oder falsch?
Seite 22–24

1. Richtig
2. Richtig
3. Falsch
4. Richtig
5. Falsch
6. Richtig
7. Richtig
8. Richtig
9. Richtig
10. Richtig
11. Falsch
12. Falsch
13. Richtig
14. Richtig
15. Richtig

Geheimnisvoller Tweeter
Seite 25
Der geheimnisvolle Tweeter ist Jimin.

Fakten-Check: Suga
Seite 30
Nummer 1 ist falsch.

Vorlieben teilen
Seite 31–33

1. schön
2. reisen
3. früherer
4. eincremen
5. gutes
6. Computer
7. geliebt
8. Wald
9. Restaurant
10. Witze
11. Bett
12. trocknen
13. Hosen

Knacke das Kreuzworträtsel
Seite 34–35

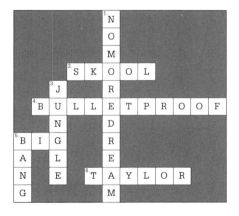

Fakten-Check: J-Hope
Seite 40
Nummer 2 ist falsch.

Geheimnisvoller Tweeter
Seite 45
Der geheimnisvolle Tweeter ist Jin.

Fakten-Check: Jimin
Seite 46
Nummer 1 ist falsch.

Entdecke die Fehler:
Im Bildteil
1. In Vs Shirt fehlt die Aufschrift „Burberrys"
2. Sugas Blazer hat einen zusätzlichen Knopf
3. Suga fehlt ein Ohrring
4. Die Streifen an Jims Manschette fehlen.
5. Jungkoks Pullover hat einen zusätzlichen roten Flicken
6. RMs Lippen sind lila
7. Bei Jimins Krawatte fehlt eine Blume
8. J-Hope hat einen extra Ring an seiner rechten Hand

Geheimnisvoller Tweeter
Seite 49
Der geheimnisvolle Tweeter ist J-Hope.

Knacke das Kreuzworträtsel
Seite 54–55

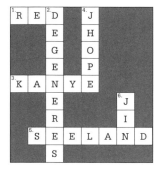

Geheimnisvoller Tweeter
Seite 56
Der geheimnisvolle Tweeter ist Jungkook.

Setlist
Seite 57–58

1. 'No More Dream'
2. 'We Are Bulletproof Pt. 2'
3. 'Danger'
4. 'War of Hormone'
5. 'Boy in Luv'
6. 'Blood Sweat & Tears'
7. 'Fire'
8. 'Fake Love'
9. 'Dope'
10. 'DNA'
11. 'Save Me'
12. 'Mic Drop'

Fakten-Check: V
Seite 59
Nummer 4 ist falsch.

Tsss!
Seite 60–62

1. Jimin
2. V
3. Jungkook
4. Suga
5. J-Hope
6. V
7. V
8. RM
9. Jin
10. Jin
11. RM
12. Suga

Geheimnisvoller Tweeter
Seite 63
Der geheimnisvolle Tweeter ist RM.

Geheimnisvoller Tweeter
Seite 71
Der geheimnisvolle Tweeter ist Suga.

Fakten-Check: Jungkook
Seite 75
Nummer 2 ist falsch.

Geheimer Gig
Seite 79
Der Gig findet in Gwangju statt.
Der Ehrengast ist Ariana Grande.

Helfende Hände
Seite 80–81

1. Reis
2. Love Myself
3. Jimin
4. Suga
5. Ice Bucket
6. 2014
7. Love Food Bank
8. V und Jimin

Geheimnisvoller Tweeter
Seite 82
Der geheimnisvolle Tweeter ist V.

AUCH ERHÄLTLICH:

ISBN: 978-3-7724-8435-3